EL CAMBIO
de infantil a primaria

IDEAS Y PROPUESTAS PRÁCTICAS PARA DOCENTES Y FAMILIAS

Clara Bordoy Puertas

Jéssica Gómez Fernández

A mis amigas que celebraron este proyecto como si fuera suyo.

A mi familia por su apoyo incondicional, por confiar en mí
y apoyarme en todas mis decisiones.

A ti, A, que llegaste a mi vida para hacerla mejor, gracias por creer
y confiar en mí.

A mi familia y amigos, por apoyarme y acompañarme siempre.

A mi compañero de vida, por formar parte de toda esta aventura.
Gracias por creer en mí y ayudarme en todos mis proyectos.

A mi pequeña eMe, por este gran viaje. Es lo mejor
que me ha pasado en la vida.

Este libro es tan vuestro como nuestro.

"Una prueba de nuestra correcta acción educativa es la felicidad del niño",

María Montessori.

ÍNDICE

PRÓLOGO   6

SOBRE NOSOTRAS   8

CAPÍTULO 1 – ACABAMOS INFANTIL Y COMENZAMOS PRIMARIA ¿Y AHORA QUÉ?   12

CAPÍTULO 2 – LA EVOLUCIÓN MADURATIVA   20

CAPÍTULO 3 – ACOGIDA Y BIENESTAR EN LA NUEVA ETAPA   30

CAPÍTULO 4 – EL AULA, UN ESPACIO PARA TODOS Y TODAS.   40

CAPÍTULO 5 – ¿QUÉ HACER COMO FAMILIA PARA ACOMPAÑAR ESTE CAMBIO DE ETAPA?   62

CAPÍTULO 6 – PROPUESTAS PRÁCTICAS.   70

DECÁLOGO DE DIEZ PRÁCTICAS A TENER EN CUENTA   124

PREGUNTAS Y RESPUESTAS PARA AFRONTAR EL CAMBIO DE UNA MANERA POSITIVA.   126

AGRADECIMIENTOS   132

BIBLIOGRAFÍA   134

PRÓLOGO

El libro que tienes en las manos, es un libro corto pero intenso, con un lenguaje llano, cercano, y accesible, escrito desde la experiencia y el rigor pedagógico de dos queridas maestras que quieren compartir todo su saber educativo con nosotros, poniendo énfasis en los cambios de etapa, esos períodos de adaptación en el que los docentes tienen un papel clave conjuntamente con la familia para el buen acompañamiento del alumnado.

Los cambios de etapa son procesos de adaptación donde el papel tanto de los maestros como de la familia son esenciales para realizar **una transición respetuosa** donde el niño y la niña sean los protagonistas y reciban la atención correcta por parte de toda la comunidad educativa tal y como afirman las autoras a lo largo del libro.

Los espacios, los materiales y las propuestas que se ofrecen a los niños y las niñas son la base para poder llevar a cabo este cambio de etapa de la manera más cercana posible siguiendo el ritmo y las necesidades individuales de cada niño. En este libro encontrarás un seguido de herramientas concretas que os ayudarán en el día a día del aula.

Un libro como este es fruto de la experiencia, del trabajo compartido, del estudio riguroso, de la observación constante de la realidad en la escuela, de la reflexión profunda y sobre todo de la voluntad de contribuir a crear una realidad mejor para el alumnado.

Educar no es enseñar el camino, es acompañar en su descubrimiento y hacerlo desde el respeto, el amor y el cariño de las maestras. Esa es la esencia de este libro donde Clara y Jess les harán disfrutar y descubrir que todo cambio de etapa es un nuevo reto en el que la transición respetuosa es la clave.

Somos maestras y amamos lo que hacemos...

Montserrat Font Ureña

Maestra de Educación Infantil, Primaria y Psicopedagoga.

SOBRE NOSOTRAS

Cuando dos maestras se juntan pueden crear proyectos tan bonitos como el que tienes en las manos.

Nosotras nos conocimos trabajando en una escuela pública y el equipo directivo decidió juntarnos para hacer primero de primaria. Hablamos y reflexionamos mucho, ya que una venía de infantil y la otra de tercero de primaria. Tuvimos muchas dudas y preguntas. ¿Qué hacer para que afronten este cambio de manera positiva? ¿Cómo debemos enfocar la jornada escolar para que sea rica y significativa? Y un sinfín de preguntas más.

Así fue como nació este proyecto. De la necesidad de ayudar a más maestros, maestras y familias que, como nosotras, un día tuvieron dudas e inquietudes. Nace de la reflexión, de la experiencia y de la formación permanente.

¿Quieres saber más de nosotras?

CLARA BORDOY PUERTAS

Mi experiencia en educación ha sido muy variada. Empecé siendo tutora de aula de acogida en un centro concertado de educación secundaria, allí aprendí la importancia de acompañar a los adolescentes en todos esos aspectos de índole social y emocional. Después trabajé en un centro concertado de educación especial, donde valoré la importancia de las pequeñas cosas. Pasear por la calle, ir a comprar… Las actividades que hacemos diariamente a veces pueden resultar diferentes para otras personas. Por último, empecé en la escuela pública y conocí varios centros, quedándome en una escuela de alta complejidad, sintiéndome muy afortunada de formar parte de ella.

A lo largo de estos años he ido creciendo como profesional de la educación, formándome y aprendiendo nuevas metodologías, intentando siempre estar actualizada. Creo que tanto niños como niñas deben estar acompañados de personas formadas y preparadas, que enseñen con el corazón y que vivan esta profesión.

Considero que ser maestra es una profesión vocacional, ya que tenemos en nuestras manos la oportunidad de poder cambiar el mundo y hacerlo un poquito mejor.

JÉSSICA GÓMEZ FERNÁNDEZ

Desde pequeña tenía claro que de mayor quería ser profesora. Siempre que en mi escuela pedían voluntarios y voluntarias para ayudar en las clases de los más pequeños me ofrecía sin dudarlo, y pensaba, algún día estaré aquí.

Mi experiencia en este mundo de la educación, comenzó en el primer ciclo de educación infantil, con niñas y niños de 0 a 3 años. Gran parte de todos mis conocimientos y esencia como maestra se lo debo a este periodo de mi vida. Creo firmemente que en esta etapa empieza todo, se establecen las bases que ayudarán a los más pequeños a adquirir nuevos retos y aprendizajes. Posteriormente, he trabajado en el segundo ciclo de educación infantil y este curso es la primera vez que ejerzo de tutora de primero de primaria y está siendo una experiencia muy enriquecedora y especial.

Soy una gran afortunada por poder dedicarme a esta profesión tan bonita. Donde nunca dejo de aprender, tanto niños como niñas nos enseñan a valorar las pequeñas cosas de la vida y acompañarlos en esta etapa es una oportunidad.

Ser maestra, se siente y se vive a partes iguales.

CAPÍTULO 1

ACABAMOS INFANTIL Y COMENZAMOS PRIMARIA ¿Y AHORA QUÉ?

Los niños y las niñas viven muchos cambios y etapas a lo largo de su vida escolar. Cuando acaban la educación infantil y pasan a educación primaria surgen muchas dudas que tanto docentes como familias quieren resolver. Muchas de esas preguntas son: ¿Y ahora qué? ¿Qué pasará? ¿Qué aprenderán? ¿Cómo afrontar el cambio? ¿Qué puedo hacer como adulto?, entre otras.

Es importante que cuando un niño llega a la etapa de educación primaria, la viva de forma positiva, por ello se debe afrontar el cambio haciéndolos partícipes y reconociendo sus necesidades. Tanto familias como docentes deben hablar a diario con los protagonistas, preguntarles cómo se sienten, qué necesitan y ofrecerles recursos para poder afrontar su día a día en esta nueva etapa, así como aprender a adaptarse a nuevas situaciones de su vida. Este proceso recibe el nombre de **transición respetuosa**, cuyo objetivo es que el alumnado sea el protagonista y reciba la correcta atención por parte de toda la comunidad educativa, ya que, como bien sabemos, cada persona necesita unas atenciones diferentes en función del momento en el que se encuentre.

Cuando acaban infantil abandonan una etapa que se caracteriza por tener un carácter lúdico, vivencial y significativo, donde aprenden jugando y de manera globalizada. Se da mucha importancia a los hábitos, a las rutinas, a la experimentación y a los descubrimientos del día a día y tanto la organización del espacio como la organización temporal se centran en el bienestar y las necesidades naturales del alumnado.

En cambio, cuando llegan a educación primaria se encuentran con una etapa que se caracteriza por tener un horario predeterminado, más rígido, y la distribución y organización del aula se ajustan también a esa manera de trabajar. A pesar de ello, debemos encontrar un equilibrio entre estas dos etapas, intentando conseguir que el alumnado viva este cambio como una continuidad de infantil. Por eso, es importante que dentro del horario también haya franjas de trabajo globalizado y las aulas sigan la misma línea.

¿Y AHORA QUÉ?
¿QUÉ PASARÁ?
¿QUÉ APRENDERÁN?

Es importante que los centros educativos, a partir del Proyecto Educativo de Centro y el Plan de Acción Tutorial, tengan en cuenta esta transición facilitando una buena coordinación entre las etapas de infantil y primaria. También es esencial que docentes trabajen en una misma línea metodológica y pedagógica, para así facilitar la transición entre infantil cinco y primero de primaria.

Como hemos explicado en el punto anterior, la etapa de educación infantil se caracteriza por utilizar una metodología más gamificada a partir del juego, donde niñas y niños adquieren los diferentes contenidos jugando. Cuando llegan a primaria es importante que se siga con la misma metodología, pero teniendo en cuenta que las necesidades de los niños cambian.

En el cambio de etapa y comienzo de primero de primaria hay cambios muy significativos, sobre todo a nivel académicos, ya que se hace hincapié en el proceso de la lectura y escritura, de la numeración, cálculo y lenguaje matemático y de todos esos saberes que el alumnado debe adquirir al acabar el primer ciclo de primaria, es decir, segundo de primaria. Además de este cambio, hay que añadir los cambios de espacios, de referentes, de organización, de maestras y maestros, etc.

Todos estos cambios afectarán más o menos al alumnado en función de cómo nosotros planifiquemos nuestra labor como docentes. Seguir haciendo propuestas que hacían en infantil pero con contenidos de primaria hace que afronten primero con menos congoja que si todo es nuevo. Por ejemplo, si en infantil hacen propuestas de lectura y escritura a través del juego, seguir ofreciendo propuestas lúdicas, donde los niños y niñas sigan adquiriendo el proceso lector hace que sean más autónomos porque ya conocen la dinámica. Por lo tanto, evitar hacer un trabajo muy dispar al que se hace en infantil ayuda no solo en la transición de cada niño, sino también en su autonomía y en sus emociones.

No solo es importante adaptar las actividades diarias que requieren un aprendizaje académico, sino que aspectos organizativos y de hábitos también son importantes. Por ejemplo, la hora del desayuno. En muchos centros en infantil se desayuna en el aula y cuando llegan a primaria desayunan en el recreo, olvidando esos hábitos que habían adquirido en infantil como lavarse las manos antes y después de desayunar y comer sentados. Una propuesta de transición de infantil a primaria podría ser que el alumnado siga desayunando en el aula, pero añadir que sean ellos los que tengan que coger su mantel individual (incluso lo pueden hacer ellos con tela o con una creación artística que luego se puede plastificar), su desayuno, recoger y limpiar. De esta manera, generamos una continuidad de infantil a primaria, pero también ofrecemos hábitos y fomentamos la autonomía de nuestro alumnado.

Pero... ¿Cómo puedo hacer este cambio en la escuela? En los siguientes capítulos iremos profundizando en muchos de los aspectos que ahora hemos tratado con el objetivo de ofrecer una guía práctica con la finalidad de que al acabar el libro seas capaz de hacer este cambio.

CAPÍTULO 2

LA EVOLUCIÓN MADURATIVA

Gracias a los estudios realizados por diferentes profesionales de la educación, la medicina, la psicología, la neurociencia y la infancia tenemos conocimiento de las diferentes etapas del desarrollo de los niños y niñas. Conocer esta información nos ayuda a entender y a acompañarlos mejor para que estos tengan un desarrollo sano y completo.

Es fundamental conocer la evolución madurativa de entre cinco y siete años así como el nivel de desarrollo en el que se encuentran, sus capacidades y límites con respecto al desarrollo social, cognitivo e intelectual, psicomotor y afectivo, para poder adaptar los aprendizajes y la metodología y así, acompañarlos en esta etapa tan importante como es el paso de infantil a primero de primaria. Según explica David Bueno i Torrens, doctor en biología, profesor de genética en la Universidad de Barcelona y autor del libro "Neurociencia para educadores", es importante que los cambios de etapa no se hagan de una manera brusca, sino que se busquen soluciones en los diferentes centros, para que el cambio se haga de una manera paulatina y así no afecte de manera negativa al desarrollo del cerebro del alumnado. David Bueno dice que nuestro cerebro está preparado para afrontar y adaptarse a los cambios, pero para no afectar a la salud física y emocional, se deben hacer de manera progresiva. En el caso de los alumnos de infantil de 5 años, su cerebro no madura lo suficientemente rápido durante un verano como para afrontar un gran cambio el cual implica adaptarse a un sistema totalmente diferente como es el de comenzar primero de primaria.

¿QUÉ CAMBIOS SE PRODUCEN EN ESTA ETAPA?

◇ Son cada vez más **autónomos** a la hora de vestirse, comer, realizar distintas tareas, prepararse sus cosas (ropa, mochila,…).

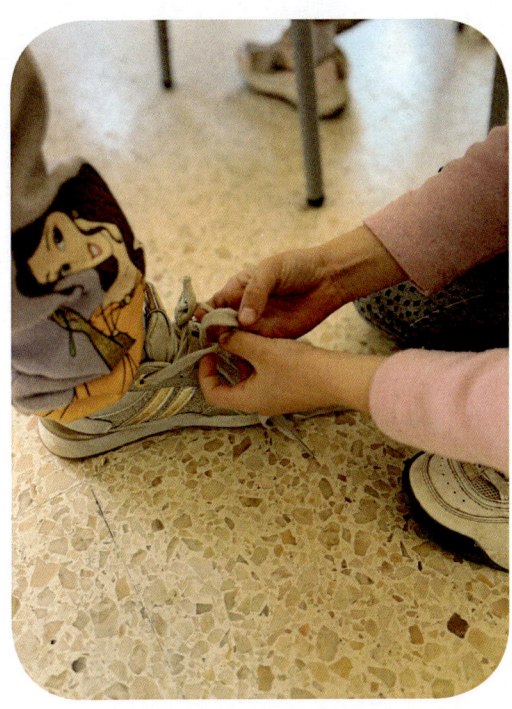

◇ Saben que se espera más de ellos y que las **exigencias** de los adultos son cada vez más grandes, por lo tanto, son capaces de asumir más **responsabilidades** en las diferentes tareas, tanto en el ámbito familiar como en la escuela.

◇ Experimentan una transición en la evolución cognitiva, pasan de utilizar el pensamiento concreto a usar el **pensamiento lógico**. Cada vez son más capaces de representar mentalmente y de forma ordenada secuencias de acontecimientos que están vinculados a la propia experiencia.

◇ Amplían su **lenguaje** y los códigos. Hablan con fluidez y un vocabulario más amplio. Mejoran las habilidades de conversación, son capaces de explicar sus vivencias, historias, cuentos,...

◇ Tienen tendencia a ser cada vez **menos egocéntricos**, por lo tanto, dejan atrás ese pensamiento de centrarse en lo que él o ella piensa. Es una transición que dependiendo del momento madurativo será antes o después.

◇ Gracias a abandonar la etapa egocéntrica, **descubren a los demás**, compartiendo cada vez más experiencias, juegos y actividades. En esta etapa comienzan a escuchar los **sentimientos** de los otros y expresan sus **emociones** sin hacer daño al resto. Aparece la **empatía** y con ella se abre una nueva mirada a la amistad, la cooperación y el sentimiento de pertenencia a un grupo.

◇ A partir de los cinco años aproximadamente son conscientes de las **mentiras** y las usan como mentiras piadosas, aun así, hay casos que pueden usarlas cuando quieren evitar consecuencias de sus actos. Explicarles y hacerles entender el uso positivo y negativo de las mentiras es una tarea difícil, ya que ellos la suelen usar por interés o protección.

◇ Su **imaginación** no tiene límites. Presentan mucha **curiosidad** y tienen ganas de participar en todo. Este aspecto es muy relevante, ya que hay que seguir fomentando actividades abiertas donde el objetivo sea que expresen su curiosidad e imaginación.

◇ El **dibujo** es otro de los cambios, poco a poco dejan atrás un realismo frustrado, donde saben qué quieren dibujar pero cuando lo plasman no queda representado: cabezas muy grandes, cuerpos pequeños, árboles poco reales... En esta nueva etapa, se empieza a observar dibujos más realistas pero aún presentan dificultades para hacer objetos con volumen (los hacen planos) y dibujan la realidad tal como ellos y ellas las perciben.

◇ A finales de los seis años, acaban de forjar su **esquema corporal** (la representación que tienen de su propio cuerpo, sus posibilidades de movimiento y sus limitaciones). En esta etapa también se confirma la predominancia de la **lateralidad**.

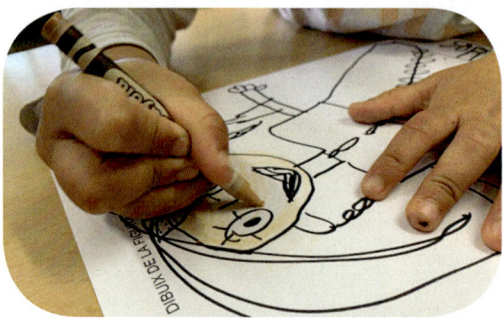

◇ Con referencia al **juego simbó-lico**, desarrollan el nivel más alto, su juego es más elaborado y de acuerdo a la realidad que perciben, es por ello, que hay que seguir trabajándolo en el aula, ya que nos ofrece la posibilidad de aprender a través del juego.

◇ Muestran interés por los **juegos de reglas** y de **índole social**, son capaces de ponerse en el lugar del otro y anticipar algunas acciones. Este aspecto contribuye al desarrollo psíquico. En esta etapa ya son capaces de jugar y seguir las normas sin la necesidad de ser acompañados por adultos.

rente, teniendo en cuenta sus necesidades y el nivel madurativo y motivacional en el que se encuentre. Aprender a leer y a escribir es una tarea que requiere de tiempo y dedicación donde la figura del docente es fundamental, ya que hay que ofrecerles propuestas y recursos adecuados en función del nivel en el que se encuentren.

◇ La **lectura y escritura** es el aprendizaje fundamental de esta etapa. A nivel general, este proceso comienza de manera natural en el segundo ciclo de educación infantil y se consolida a finales del ciclo inicial de primaria. Es un proceso lento y complejo, donde cada niño o niña lo adquiere de manera dife-

protegerse o evitarlos, como por ejemplo: cruzar la calle sin mirar, subir muros...

Todos estos cambios se producen de forma progresiva y cada persona los vive de una forma distinta. Por eso es necesario acompañar al alumnado en esta etapa, escucharlo y valorar cada pequeño avance que haga. Además, también hay que tener en cuenta que algunos niños hacen este proceso madurativo más pronto o más tarde y, en esos casos, hay que ofrecerles los recursos y las ayudas que sean necesarias para empoderarlos.

◇ La **responsabilidad personal y de hábitos** también va evolucionando en función del crecimiento de los niños. Es por eso que empiezan a entender que es necesario comer alimentos saludables cada día y dejar esos alimentos menos saludables para casos puntuales. También comprenden que a veces existen peligros y es necesario

Por último, en este cambio de etapa es cuando aparecen las primeras diferencias entre el alumnado, es cuando se ven más claras las necesidades que puede tener cada niño o niña. Como docentes, tenemos que observar a nuestro alumnado y ver si en algunos casos se requiere de algún especialista que pueda ayudarles.

CAPÍTULO 3

ACOGIDA Y BIENESTAR EN LA NUEVA ETAPA

Cada niño, cada niña, cada maestro, cada maestra y cada familia es diferente, es única.

Si tenemos en cuenta esta frase, entenderemos que cada persona afrontará la nueva etapa de forma distinta, pero como docente hay que tener un objetivo claro: el bienestar de todas las personas que forman parte del aula.

Cuando el alumnado acaba infantil en junio, se sienten orgullosos y orgullosas, ya que durante todo un curso escolar han sido los más mayores de infantil, ofreciendo ayuda a los más pequeños, enseñándoles e incluso solucionando conflictos en el recreo. En septiembre, justo dos meses más tarde, empiezan primaria, y de golpe, son los más pequeños de la etapa, esa seguridad que les caracterizaba en infantil desaparece y empiezan las inseguridades. Compartir recreo con alumnos y alumnas mayores es una tarea difícil y convivir en un espacio más grande puede hacer que se sientan desprotegidos. Además, y por si fuera poco, a todos estos acontecimientos, hace falta añadir todos los cambios madurativos que poco a poco irán adquiriendo.

Es importante que los adultos empaticemos con los sentimientos y emociones que remueven a los niños y niñas durante los días previos y posteriores al comienzo de primaria.

¿CÓMO SE PUEDE SENTIR UNA NIÑA O UN NIÑO EL PRIMER DÍA DE CLASE?

El primer adjetivo es inseguridad e incertidumbre. En muchos casos no conocen quien será su maestro o maestra a lo largo del curso escolar, tampoco conocen el aula, ni el horario. Demasiadas novedades para un mismo día, y por si fuera poco, la separación familiar después de unos meses de convivencia familiar todo el día. Es por eso, que ofrecer una bienvenida a la etapa de forma positiva y respetuosa fomenta la calma y ayuda a que poco a poco el alumnado vaya expresando sus sentimientos.

A la inseguridad e incertidumbre se pueden añadir timidez y vergüenza, ya que desconocen cómo será el nuevo funcionamiento del aula. También pueden surgir nuevos compañeros y compañeras de otros centros o de la mezcla de clases si hay más de un grupo y esto puede generar en ellos

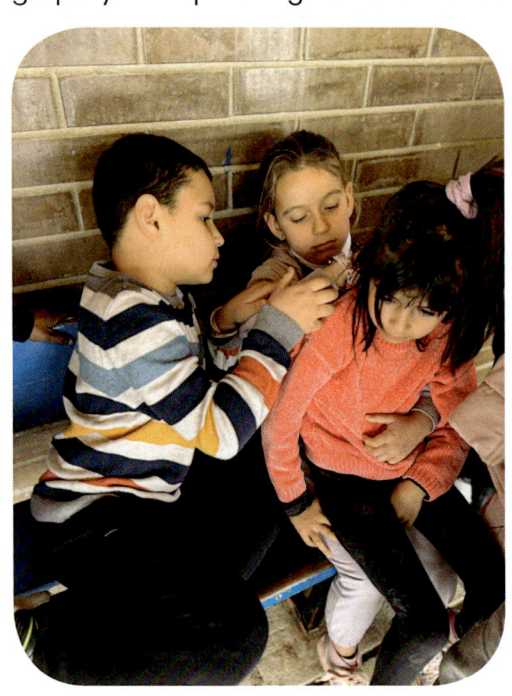

que se sientan incómodos, cohibidos o asustados. Es importante, para prevenir este aspecto, que desde el centro se informe a las familias de los cambios más importantes, así pueden anticipar a sus hijas e hijos la información y trabajar los aspectos más relevantes desde casa.

Otro aspecto que se debe tener en cuenta, son los **retrocesos o las regresiones** que se pueden dar a causa del malestar, de la vergüenza, de la incertidumbre, del miedo al cambio,… Un niño de cinco o seis años está aprendiendo a gestionar sus emociones y a poder expresar lo que siente y aunque en esta edad ya se expresan y comunican verbalmente, a veces les cuesta explicar y pedir lo que necesitan. Es por este motivo, que en algunos casos puede haber retroceso en el sueño, en el control de esfínteres o en los aprendizajes en general. Hay que tener en cuenta que las actitudes y los comportamientos regresivos en la infancia son normales ya que forman parte de su método de protección ante una nueva situación. Es importante que tanto escuela como familia se coordinen para poder sobrellevar la situación de manera natural, dejando espacio a los niños para que puedan expresar lo que sienten, acompañando y aportando seguridad desde el respeto.

¿Y DESPUÉS DEL PRIMER DÍA QUÉ?

Tanto familias como docentes entendemos que después de una semana o un mes todos los niños y niñas se deben de haber adaptado a la nueva etapa. La realidad es que a veces no sucede, ya que es normal encontrar a cierto alumnado que echa de menos la etapa de infantil o que al llegar por la mañana llora tras la separación familiar.

Hay que tener en cuenta que, aunque el cambio se acompañe desde una transición respetuosa, no deja de ser un cambio. Esto quiere decir que cada alumno vivirá y asumirá esta adaptación de una manera distinta y cada uno necesitará un período de tiempo diferente para familiarizarse con todos los cambios.

Como adultos, a veces nos cuesta empatizar y ponernos en el lugar de un niño pero... ¿Cómo nos sentimos nosotros en nuestro primer día de trabajo? ¿Estamos nerviosos? ¿Nos adaptamos en un día? Siendo adultos también reaccionamos a los cambios de distintas maneras y a las niñas y los niños les sucede lo mismo, así pues, necesitan su tiempo para vincularse con sus nuevos referentes. Este ejemplo, que forma parte de la vida adulta, nos sirve para poder conocer mejor lo que conlleva y supone este gran cambio en la vida de una niña o niño de cinco y seis años.

¿QUÉ PUEDO HACER PARA OFRECER UNA BUENA ACOGIDA Y CONSEGUIR EL BIENESTAR DEL ALUMNADO?

Conseguir el bienestar del alumnado en el aula puede resultar difícil los primeros días del curso, incluso las primeras semanas o el primer mes, pero si ofrecemos propuestas y espacios donde los niños y niñas puedan relajarse y ser ellos mismos, conseguiremos que expresen todo aquello que sienten.

> Como centro educativo tenemos que ofrecer una continuidad de infantil a primaria de calidad, para asegurarnos del bienestar de los alumnos.

Un ejemplo sería seguir ofreciendo una entrada relajada. Si un centro educativo hace este tipo de entradas en infantil donde la familia se puede quedar cinco o diez minutos mientras los niños y niñas están jugando, en primaria se puede ofrecer la oportunidad que durante la primera media hora puedan hacer lectura compartida con otros compañeros de clase a medida que vayan llegando al aula. De esta forma, entienden el cambio como un paso más allá dado que son más mayores, pero no lo viven de una forma brusca, aceptan que ahora cuando llegan al colegio leen de forma libre y que antes jugaban.

Otro ejemplo es el aula, un espacio muy importante para todo el proceso educativo, tener aulas muy dispares entre infantil y primaria hace que todo lo que sucede dentro de ésta sea muy diferente. Por eso, es importante que las aulas sean parecidas, ofreciendo pequeños cambios para fomentar y enriquecer el proceso de aprendizaje.

En resumen, como adultos tenemos que entender que los niños y niñas necesitan pasar este proceso, y que todos ellos lo gestionarán de formas distintas: algunos tendrán miedos, otros inquietudes, otros ilusión y ganas, y así con cada alumno que tengamos en el aula. Nuestro papel es importante, acompañar. Acompañar, escuchar y ofrecer aquello que creamos que es necesario para generar un bienestar personal del niño o niña. Consiguiendo esta acogida positiva, desde el respeto, conseguimos que en el aula se respire un clima de calma, tranquilidad y bienestar que ayuda a fomentar buenas relaciones entre el alumnado, así como las ganas y motivación para el aprendizaje.

CAPÍTULO 4

EL AULA, UN ESPACIO PARA TODOS Y TODAS.

El aula es un espacio que durante muchos años no se le ha dado la importancia que realmente tiene, pero debemos analizar y preparar el aula con el objetivo de ofrecer a nuestro alumnado un espacio donde cualquier rincón sea aprendizaje. ¿Cómo podemos hacerlo? ¿Qué tenemos que tener en cuenta?

Son muchas las corrientes pedagógicas que a lo largo de la historia hablan de la importancia del ambiente y del espacio desde un valor pedagógico. Pedagogas como Maria Montessori, Emmi Pikler o Loris Malaguzzi en las escuelas Reggio Emilia defienden el impacto de la importancia de los ambientes preparados, que respetan las necesidades del alumnado, aulas dinámicas, con movimiento, que invitan a descubrir, aprender y a experimentar.

Imaginaos que en vuestro puesto de trabajo os ofrecen un espacio lleno de colores, de estímulos, desordenado y con mucho material. Seguramente no te guste y no te sientas cómodo, así pues, tampoco trabajaras igual porque te irás distrayendo analizando todo lo que hay en cada armario o estantería. En cambio, si te ofrecen un espacio ordenado, con colores neutros o blancos, con pocos estímulos y el material necesario, te sientes más receptivo a trabajar desde la calma. Como explica Cabello (2011), "la disposición del ambiente influye de forma significativa en aquellos que lo ocupan".

¿QUÉ DIFERENCIA UN AULA DE INFANTIL DE UNA DE PRIMARIA?

Actualmente, en muchos centros, podemos ver que en la etapa de educación infantil hay un cambio de mirada respecto a la metodología. Este cambio incluye tener en cuenta **el ambiente preparado**, es decir, se da al espacio mucha importancia ya que se considera que este influye directamente en los aprendizajes de los más pequeños. En cambio, cuando llegamos a la etapa de primaria nos encontramos que el espacio pierde su esencia y se da más importancia a otros aspectos. Es por ese motivo que a veces vemos esa diferencia tan dispar entre infantil y primaria. Parece que pasamos de aulas llenas de propuestas manipulativas, mobiliario adaptado que potencia la autonomía, juguetes y juegos, a aulas más estructuradas, que limitan mucho más el movimiento, espacios más serios y llenos de referentes de matemáticas y lengua. Pero... ¿Es eso lo ideal?

Llevamos capítulos hablando de la importancia de hacer el cambio de infantil a primaria de manera progresiva, respetando a todos y todas pero se nos olvida que el espacio es uno de los elementos más importantes y es por eso que es necesario analizarlo y adecuarlo al grupo. Es importante recordar la cita de Loris Malaguzzi: "Una escuela debe ser un lugar para todos los niños, no basada en la idea de que todos son iguales, sino que todos son diferentes". Haciendo referencia a esta cita, es importante tener en cuenta la diversidad cuando hablamos del espacio, ya que este influye en el bienestar y los aprendizajes del alumnado.

Así pues, si analizamos y leemos sobre las corrientes pedagógicas nombradas anteriormente, nos damos cuenta que un aula de infantil y un aula de primero de primaria debería ser muy parecida. Por lo tanto, es importante que tengan juegos, juguetes, propuestas manipulativas, juego simbólico, sin olvidarnos de espacios donde aparezca la lengua, las matemáticas, etc.

Como docentes, deberíamos visitar un aula de infantil y de primaria y hacernos preguntas como: ¿Sigue la misma línea? ¿Se parecen? ¿Qué me gusta del aula de infantil y de primaria? ¿Qué puedo mejorar de cada clase? ¿Qué materiales y colores debería usar? ¿Cómo puedo organizar y ordenar la clase para que siga la línea de infantil y/o primaria?

Todas estas preguntas tienen respuesta en los siguientes apartados:

LA IMPORTANCIA DEL VALOR ESTÉTICO

Cuando hablamos de cuidar la estética de una aula, nos referimos a la organización de esta, que todos los elementos que forman parte del espacio den respuesta a las necesidades del alumnado. Es importante que el ambiente genere bienestar, calma, que niñas y niños se sientan como en casa. Si nos paramos a pensar en este aspecto, los niños pasan muchas horas en la escuela, más de la mitad del día en el aula de referencia. Es por este motivo que es de gran importancia que el espacio sea acogedor.

Que tengamos en cuenta el valor estético no quiere decir que un espacio tenga que ser bonito porque sí, sino todo lo contrario, tener en cuenta la estética de un espacio es observar que este sea acogedor y que todo lo que forma parte de este genere ciertas inquietudes en las personas que habitan ese espacio. Como explica Vea Vecchi: "Si la estética promueve la sensibilidad y la capacidad de conectar cosas muy alejadas entre sí y si el aprendizaje tiene lugar a través de nuevas conexiones entre elementos muy diferentes, la estética puede considerarse como un importante activador del aprendizaje".

Asimismo, la neuroeducación también afirma que tener en cuenta el valor estético en espacios escolares ayuda a la hora de aprender ya que genera placer y esto hace que se libere dopamina en diferentes partes del cerebro.

LOS ESPACIOS DEL AULA

Como hemos explicado en puntos anteriores, los espacios del aula deben acoger y cubrir las necesidades e inquietudes del alumnado que convive en estos a la vez que tienen que ser funcionales. Es por este motivo, que cuando diseñamos los espacios de nuestra aula debemos reflexionar, observar y tener en cuenta que los espacios cubran estos aspectos. Por ello una aula debería tener los siguientes espacios:

◆ **Espacios para relacionarse consigo mismo o con el resto del grupo.** Niños y niñas conviven, interactúan, se relacionan... Estos aspectos son muy importantes ya que aprendemos de los demás y con los demás. Poder compartir espacios con el grupo les ayuda a desarrollar sus capacidades pero también es necesario que el aula disponga de espacios en los cuales puedan estar solos si así lo deciden.

Un ejemplo puede ser el momento de la lectura, ya que pueden decidir si quieren leer solos y en calma o compartir este momento con sus compañeros y compañeras. Para ello es importante disponer de mobiliario y espacios donde puedan sentirse cómodos, como alfombras, cojines, butacas...

◆ **Espacios para explorar, descubrir, experimentar y manipular.** Fomentar la creatividad, las inquietudes, hacer hipótesis... provoca que el alumnado pueda compartir, expresar, crecer y desarrollar capacidades como la observación, el diálogo, los acuerdos y la paciencia.

Un ejemplo de este puede ser proponer un espacio de experimentación donde el alumnado pueda ir y encontrarse propuestas que varían con materiales naturales u objetos que les invitan a la exploración para poder conocer sus características.

◆ **Espacios que permitan el movimiento.** Es importante que en el diseño del aula contemplemos este aspecto. Que niñas y niños puedan moverse libremente por los espacios, sin necesidad de permanecer todo el tiempo quietos y sentados, ya que como bien sabemos, hay alumnado que necesita el movimiento para relajarse y sentirse preparado para afrontar otra actividad.

Por ejemplo a partir de los espacios de aprendizaje, en los que niñas y niños puedan moverse libremente por el aula.

cido el cual es muy beneficioso para niñas y niños ya que engloba muchos aspectos del desarrollo como por ejemplo el lenguaje.

Un ejemplo puede ser el tener una cocinita en el aula con comida y menaje de cocina real. De esta manera, no solo fomentamos el diálogo, la convivencia y la cooperación, sino también el ser capaz de cuidar los objetos, conocer los materiales y saber cuáles son más frágiles que otros.

◆ **Espacios para jugar a ser, para poder representar la realidad que les rodea. Es un espacio de juego simbólico.** Estamos acostumbrados a relacionar este tipo de juego con educación infantil, y sí, el juego simbólico se inicia en la primera etapa de educación infantil, pero este se va desarrollando y evolucionando a un juego enrique-

◆ **Espacios donde encontrar la calma y poder relajarse.** Existen diferentes momentos del día o situaciones puntuales en las que los niños necesitan estar en calma y relajados, descansar. Es importante disponer de espacios donde puedan cubrir esta necesidad.

Un ejemplo de este espacio puede ser tener en el aula una alfombra con cojines, butacas, colchonetas, para que puedan ir allí a relajarse.

◆ **Espacios de expresión.** Esta característica es innata en el ser humano. Poder crear y expresarse a partir de producciones artísticas, dibujar, pintar, modelar, entre otras, es fundamental para el perfecto desarrollo de los niños. Tal y como expresa el artista Gustav Klimt: "El arte es la línea que une tus pensamientos".

Un ejemplo puede ser disponer de un espacio en el aula, tipo "atelier" (espacio característico de las escuelas de Reggio Emilia) con diferentes materiales que el alumnado pueda manipular y crear libremente según sus intereses como: colores, pintura, acuarelas, pegatinas, ceras...

◆ **Espacios para construir.** Esta necesidad es vital para el ser humano. Con ella trabajamos la permanencia. En estos espacios el alumnado desarrolla las capacidades de crear, imaginar, la creatividad,... La necesidad de construir va completamente ligada a la necesidad de destruir, esto forma parte de la propia imagen que tienen de sí mismos. A través de construir y destruir se trabaja la frustración y la constancia.

Un ejemplo de esto puede ser disponer en el aula de una superficie con diferentes materiales para construir como por ejemplo, piezas de madera, rodajas, juegos de construcciones pequeñas,...

EL ORDEN Y LA ORGANIZACIÓN

El orden y la organización tienen un impacto en el pensamiento ya que también le generan orden a este. Tener el aula ordenada y organizada de una determinada manera permite a los niños y adultos estar seguros y tranquilos, ya que saben que si necesitan algún material u objeto lo encontrarán en su lugar. El orden y la organización de un espacio nos deben invitar al equilibrio y la armonía.

Para conseguir tener y mantener el aula ordenada debemos eliminar del ambiente el ruido visual. El ruido visual hace referencia a todo aquello que no necesitamos y que tenemos a la vista. Si levantamos la cabeza y analizamos nuestro alrededor seguramente descubramos que hay objetos que nos generan ruido visual. Como dice el dicho, menos es más. En el aula es exactamente igual. Nos acostumbramos a tener hojas, juegos, material de arte, libros de programación, etcétera... y todo a cantidades abrumadoras. Esto genera que el alumnado mire a su alrededor y no sepa qué material puede coger, cual no, cual es necesario y cual innecesario. En el aula, hay que tener solamente aquello que vayamos a usar, en orden y organizado, de esta manera fomentamos la autonomía de los niños y niñas y también que mantengan el aula ordenada y organizada porque saben con exactitud dónde va cada objeto, cada material o cada juego.

Por otro lado, la organización del aula y la distribución de mobiliario tienen que tener cierta flexibilidad para poder desarrollar el pensamiento divergente y creativo del alumnado. No podemos olvidar, que niñas y los niños están en constante interacción con el ambiente.

LOS MATERIALES

Los materiales son uno de los elementos más importante del aula y están relacionados con la organización y el mobiliario.

Si analizamos las aulas veremos que existen infinidad de propuestas con materiales distintos, pero... ¿Qué material priorizar?

En estos últimos años, se han seguido corrientes pedagógicas que hacen hincapié en la importancia del material que ofrecemos al alumnado. Por eso es necesario parar y analizar qué elementos ofrecer en el aula, ya que existen distintos materiales y cada uno de estos tiene unas características distintas. Algunos de estos materiales son:

◆ **El cristal** es un material muy interesante, con el que niños y niñas aprenden de su fragilidad y es por eso que lo manipulan con más cuidado. Ofrecer en la cocinita de juego simbólico objetos reales de cristal como vasos hace que sean conscientes de las características de éste. Además, también se puede ofrecer en otros espacios como en el de creación, usando vasos para ordenar los colores o rotuladores.

◆ **La porcelana o la cerámica** también es un material frágil que lo podemos introducir en tazas o en platos en la cocinita. Así su juego es más real, dado que usan objetos reales que tienen en sus hogares.

Tanto el cristal, como la porcelana y la cerámica son materiales que acogen el riesgo ya que se pueden romper fácilmente. Acoger ese riesgo forma parte del aprendizaje de la vida de los niños y niñas.

◆ **Elementos naturales** como troncos, madera, piedras, hojas, piñas... hacen que estén conectados con la naturaleza a la vez que les ofrece la oportunidad de inventarse propuestas y juegos. Estos materiales los encontramos por todas partes y ayudan al alumnado a conocer el entorno y a aprender a través de las características que tienen.

◆ **La madera** es un material muy necesario en el aula ya que nos ofrece un sinfín de oportunidades, además de su durabilidad. Materiales no estructurados de madera para construcciones, cajas de madera para ordenar carpetas o libros, juegos estructurados... Es un material que nos transmite calidez en el aula.

◆ **Los textiles** a partir de retales de telas, lanas, hilos... Este material puede estar presente en las propuestas de creación, en el juego simbólico, en los minimundos... También podemos ofrecer alfombras y cojines, para crear calidez en los espacios.

◆ **El plástico** es un elemento que también podemos usar pero sin abusar. En los últimos años hemos ofrecido mucho este material, ya sea por su durabilidad como por la practicidad del mismo, pero podemos ofrecer alternativas más naturales como fibras naturales. Por ejemplo: en vez de tener juegos en cajas de colores, tenerlos ordenados en cestos o cajas de mimbre. Así el aula transmite calma y orden, dado que visualmente no hay nada que llame la atención. No hay que olvidarse que ofrecer materiales de plástico al alumnado es interesante y necesario: juegos de construcciones, material plastificado... son elementos que deben estar presentes en el aula.

◆ **El metal** es un material muy interesante que nos transmite frío. Podemos añadirlo en propuestas que tengan que ver con imanes o en el espacio de juego simbólico, por ejemplo en los cubiertos de la cocinita.

◆ **El cartón** es un material fácil de conseguir y el cual podemos reutilizar. Podemos utilizarlo en diferentes propuestas, como lectura, escritura, matemáticas, construcciones, propuestas artísticas y de creación...

Dentro de este apartado no podemos olvidarnos de mencionar la **teoría de las piezas sueltas**. Esta teoría trata de la importancia de ofrecer al alumnado piezas desestructuradas que nos vamos encontrando en el entorno. Estas piezas pueden ser elementos naturales o no y ofrecen infinidad de posibilidades de creación a través del juego.

Si analizamos todos estos materiales podemos extraer que la gran mayoría son elementos naturales, que nos ofrecen unos colores parecidos y, por lo tanto, genera que el aula sea un espacio de armonía. Además son materiales que usamos en el día a día, por lo tanto les resulta familiar y saben diferenciar las características de cada uno de ellos.

Cuando hablamos del diseño de espacios, en este caso del aula, **la elección de los colores supone un impacto en el ambiente**, ya que, distintos estudios han afirmado mediante teorías, que los colores repercuten en nuestras emociones y estados de ánimo. Podemos englobar los colores en tres tipos: colores fríos, colores cálidos y colores neutros.

Los **colores fríos** transmiten tranquilidad e incitan a la relajación. Son ideales para crear un clima de calma. Los **colores cálidos** activan y transmiten energía. Son ideales para llevar a cabo actividades que requieren movimiento y vivacidad. Los **colores neutros**, tal y como indica su nombre, no se caracterizan por producir cambios emocionales pero sí ayudan a alcanzar la concentración.

Teniendo en cuenta esta información, es importante decidir qué tipos de colores queremos que estén presentes en el aula. Diseños con colores neutros son los más adecuados, ya que ayudan a la concentración y generan una armonía positiva en el aula. Además, se pueden añadir colores complementarios para acabar de diseñar los espacios del aula.

LA LUZ

La luz es un elemento del aula importante. ¿Os imagináis trabajar en una oficina con poca luz? ¿O estar en un espacio con una luz tan blanca que nos moleste? Encontrar el equilibrio nos ayuda a ofrecer a nuestro alumnado aquello que necesita.

La **luz natural** es el primer objetivo que debemos tener, por eso, es importante ofrecer al alumnado tanta luz natural como sea posible. Debemos tener las persianas subidas siempre que sea posible o evitar tapar las ventanas.

Cuando hablamos de **luz artificial**, hay que ofrecer alternativas en función de cada espacio del aula y de cada momento. Además de la luz de techo, podemos ofrecer luces de pie para espacios de lectura, luces blancas para espacios de experimentación o luces de mesa en espacios de arte.

¿CÓMO PUEDO CREAR UN AULA DE PRIMERO DE PRIMARIA?

Como hemos podido observar en la información anterior, hacer un aula requiere de tiempo y dedicación. Por eso es importante reflexionar como docentes y como centro educativo y decidir qué queremos y cómo lo queremos teniendo en cuenta que para diseñar un aula de primero de primaria es que esta, se asemeje y siga la línea del aula de infantil de 5 años.

El primer paso es cambiar de mentalidad, olvidarnos de la escuela del siglo XX y construir aulas apropiadas para la educación del presente. Para eso hay que mirar y analizar las necesidades de las niñas y los niños, ofreciendo recursos y herramientas para solventarlas de forma positiva.

Una vez entendamos y creamos en el cambio es el momento de empezar. El cambio debe ser consensuado por los docentes del centro y no puede realizarse de la noche a la mañana. Mirar de dónde vienen los niños y niñas y hacia dónde van nos ayuda a entender este cambio, visitar aulas de infantil para coger ideas, incluso recrear algunos espacios es de vital importancia. Primero hay que analizar las necesidades de los niños y niñas del centro escolar y luego crear las aulas en papel. ¿Qué espacios se deben crear? ¿Qué muebles y elementos necesito? ¿Cómo hago la distribución en el aula? ¿Qué necesidades e intereses tienen las niñas y los niños en esta etapa?

Llegados a este punto, es momento de ponerse manos a la obra, vaciar todo el aula y una vez limpia, empezar a distribuir el mobiliario y a crear espacios. Para hacerlo, es importante recordar los aspectos que hemos nombrado antes. Una vez decidida la distribución del aula es momento de empezar a llenar esos espacios con materiales y propuestas, recordando siempre ordenarlo y colocarlo a la altura de las niñas y niños, para fomentar su autonomía.

Por último, es interesante dejar espacios vacíos y preguntar al alumnado con qué materiales y propuestas les gustaría llenarlo. No hay que olvidar, que el aula es de todas y todos.

CAPÍTULO 5

¿QUÉ HACER COMO FAMILIA PARA ACOMPAÑAR ESTE CAMBIO DE ETAPA?

Ver a los niños y las niñas crecer nos hace darnos cuenta de todos los pequeños obstáculos que han ido superando. Aprender a gatear, a caminar, a hablar, a vestirse... Superarse día tras día es uno de sus objetivos, es por ello que a lo largo de su corta edad aprenden a expresarse y a desenvolverse en el mundo que les rodea.

Desde que nacen están en continuo aprendizaje. Empezar la escuela en P3 o I3 resulta una gran aventura dado que se separan de la familia durante muchas horas, están en un lugar nuevo, con personas que desconocen y con más niños y niñas. Este es uno de los primeros cambios que viven y muchos necesitan tiempo para adaptarse y empezar a establecer vínculos con adultos e iguales.

Cuando acaban la etapa de infantil ya están adaptados a la escuela, a los docentes, a los espacios y a los compañeros de clase, pero empezar primaria supone un nuevo reto en su vida. **El cambio de etapa es un nuevo comienzo.**

¿CÓMO AFRONTAR EL CAMBIO DE ETAPA EN CASA?

Como hemos explicado antes, muchos niños y niñas ya están escolarizados desde la etapa de educación infantil, por lo tanto, ya saben el funcionamiento de la escuela, pero aun así, es importante estar presentes en este cambio y acompañarlos en esta nueva etapa. Desde casa podemos ayudarlos de distintas maneras:

◆ **Verbalizando y validando todas las emociones** que pueden surgir en esos momentos. Preguntarles qué necesitan, cómo les ha ido en el colegio, qué han hecho, cómo se han sentido... es una buena manera de que los niños y niñas expresen sus emociones. A algunos niños les cuesta explicar pero con un trabajo diario se puede lograr que acaben expresando sus emociones. Aceptar y reconocer las emociones nos ayuda a po-

der trabajarlas. Así pues, en casa es importante darle importancia y ofrecerles ese espacio para que puedan decir lo que sienten.

◆ **Teniendo paciencia** ante las posibles actitudes y estados anímicos. Es un momento de cambios, por lo tanto, es normal que surjan cambios de actitud, enfados, rabietas, llantos... Mantener la calma ayuda a regular las emociones de los niños y niñas. A veces puede resultar difícil, pero ofrecer un estado de tranquilidad y paciencia hace que poco a poco se vayan autorregulando. Es una etapa pasajera y hay que entender que a algunos niños les puede costar más que a otros esta adaptación.

◆ **Transmitirles confianza.** Confiar en ellos les da seguridad, así pues, recordar que son capaces de hacer las tareas hace que se sientan más seguros de afrontar esta etapa.

◆ **Dar más responsabilidades es dar más autonomía.** Dejarlos crecer a veces puede resultar difícil porque aún los vemos pequeños, y lo son, solo tienen seis años, pero eso no significa que no sean capaces de hacer ciertas cosas. Podemos ofrecerles que hagan tareas de casa como poner y quitar la mesa. También pueden prepararse la mochila con el material de la escuela, escoger y preparar su ropa o incluso ordenar y hacer la cama de su habitación.

◆ **Fomentar la lectura y escritura** en casa. El proceso de la lectoescritura es uno de los más importantes en esta etapa, es fundamental que se fomente también desde casa, para empezar el curso con motivación e interés, siempre teniendo en cuenta los ritmos de aprendizaje de cada niño, así como las pautas de cada centro.

Otro aspecto muy relevante es la importancia de **estar**. En las escuelas se hacen muchas actividades donde las familias son bienvenidas. Talleres, conciertos, exposiciones, teatros... Ir y estar allí les da una absoluta felicidad a todos los niños y niñas, les calma y les hace ilusión, ya que durante días o incluso meses se preparan para que sus familias vean eso que han hecho. Poder ir a estos actos hace que los niños le den valor a sus trabajos en la escuela y ganen confianza y seguridad.

Por otro lado, en numerosas ocasiones cuando una familia decide un centro escolar es porque confía en él, en su metodología y en el equipo de docentes, por ello es importante seguir la misma línea educativa y trabajan de forma paralela para fomentar el crecimiento tanto personal como académico del niño o niña. Trabajar conjuntamente hace que el niño vea el sentido de las normas, de las actividades, de la gestión emocional, de todo. Así pues, es importante asumir por ambas partes esta responsabilidad compartida en el proceso educativo. Tal como dice Carles Capdevila

"Padres y maestros formamos un equipo".

Es importante recordar que **las familias son el modelo de los niños y niñas**, así pues, son un reflejo de lo que los adultos dicen, sienten y actúan. Por lo tanto, no es de extrañar que imiten e intenten parecerse a los adultos ya que somos su referente. Teniendo esto en cuenta, mostrarnos nerviosos, estresados, perdiendo los papeles... provoca que el niño o niña perciba ese sentimiento y también se sienta de esa misma forma. La calma, la tranquilidad y la paciencia son emociones que se trabajan, no vienen innatas en el ser humano. Por eso es importante que como adultos podamos resolver las confrontaciones con los niños usando estas emociones, así logramos que ellos vayan aprendiendo a usarlas en su día a día. Conseguir que los niños resuelvan los conflictos y gestionen sus emociones es una tarea muy difícil que tanto docentes como familias deben de trabajar a diario, pero una vez alcanzado, logramos unas personas capaces de desenvolverse de forma asertiva en el mundo que les rodea. Tal como dice Carl Gustav Jung «El pequeño mundo de la niñez con su entorno familiar es un modelo del mundo. Cuanto más intensamente le forma el carácter la familia, el niño se adaptará mejor al mundo».

CAPÍTULO 6

PROPUESTAS PRÁCTICAS.

"El juego es la forma más elevada de investigación",

Albert Einstein.

En el día a día, llevamos a cabo diferentes propuestas y actividades que ayudan al alumnado a desarrollar capacidades, conocimientos, autonomía, pensamiento crítico... a aprender. Como hemos explicado en capítulos anteriores, en la etapa de educación infantil el aprendizaje suele ser más dinámico, manipulativo, significativo y vivencial, teniendo muy en cuenta la parte lúdica, donde el juego es uno de los ejes principales a la hora de planificar las propuestas. Como dice Jean Piaget:

"Los niños y niñas no juegan para aprender, pero aprenden porque juegan".

Es importante que tengamos este aspecto en cuenta, en el momento de planificar y organizar las actividades y propuestas de primaria. Ofrecer propuestas que les motiven y tengan un sentido nos ayuda a fomentar que el aprendizaje sea significativo y vivencial, así pues, los docentes tenemos en nuestras manos la gran responsabilidad de dar significado y sentido a todo lo que los niños hacen en el aula.

Siguiendo esta línea, a continuación se muestran distintas propuestas prácticas para llevar a cabo en el aula, tanto para infantil de 5 años como la variable para poder ofrecerla en primero de primaria y que siga la misma línea metodológica teniendo en cuenta el aumento del grado de dificultad.

"La lectura y la escritura, como todo, mejoran con la práctica", Margaret Atwood.

La lectoescritura es uno de los aprendizajes más importantes a lo largo de primero de primaria. Tanto a padres como a docentes nos preocupa este proceso y se ofrecen muchas actividades y propuestas a los niños con el objetivo de que aprendan a leer y a escribir, pero... ¿Todas esas propuestas son funcionales? ¿Tienen sentido? ¿Son motivadoras?

A continuación ofrecemos un seguido de propuestas que dan sentido al aprendizaje de este proceso.

En la etapa de infantil, algunos niños sienten la necesidad y curiosidad por aprender a leer y escribir. Ofrecer una lectura funcional da sentido a su aprendizaje Es por ello, que una propuesta motivadora es leer palabras a partir del conocimiento de un vocabulario concreto, como por ejemplo vocabulario de las estaciones, vestuario, entorno, animales,...

En primero siguen adquiriendo el proceso de lectoescritura. Aprender a leer y luego a comprender el texto es una tarea difícil que requiere de práctica, de propuestas manipulativas y de motivación intentando que sea funcional y con sentido.

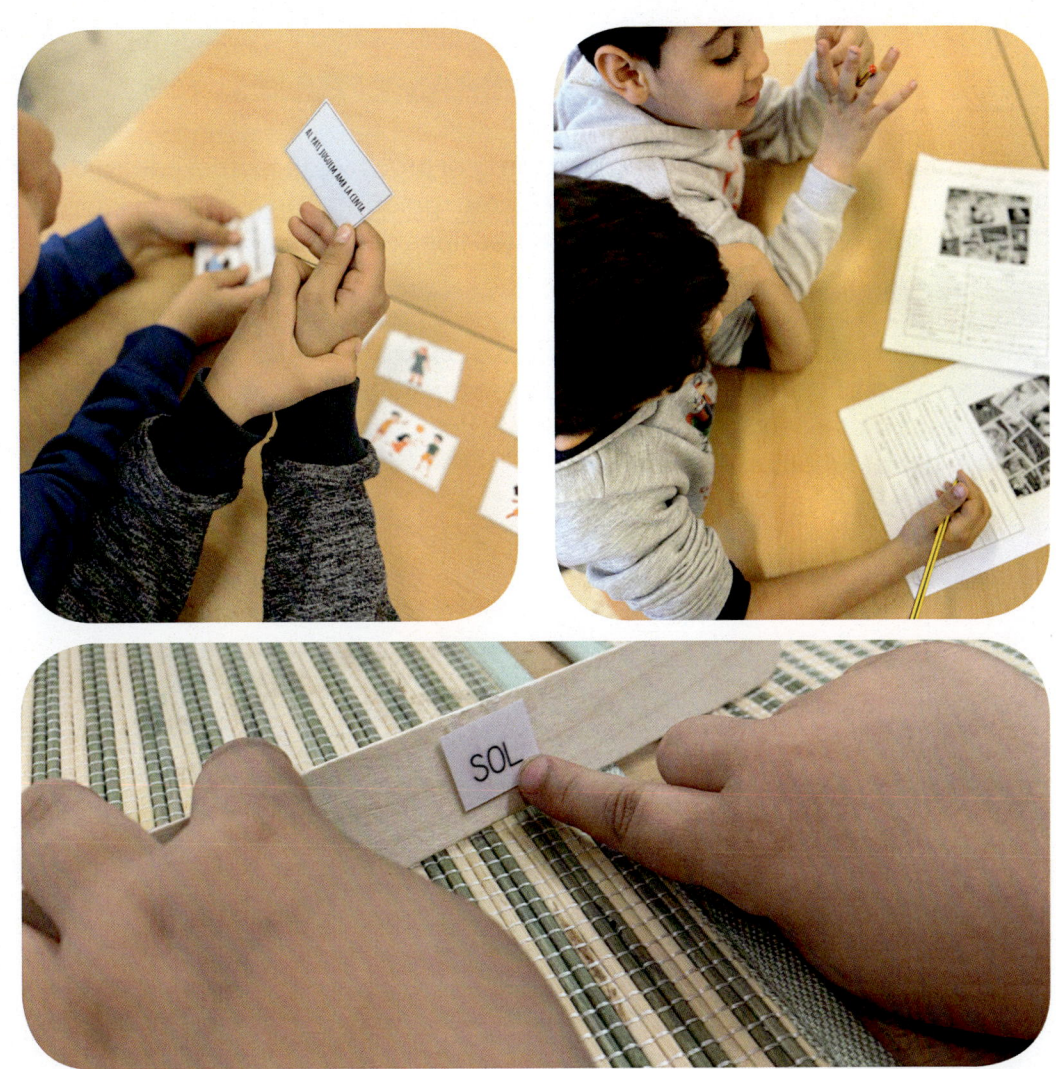

¡A CONSTRUIR PALABRAS Y FRASES!

Para motivar y generar curiosidad en torno al proceso de lectoescritura de los más pequeños, una buena propuesta es crear palabras con material manipulativo, como por ejemplo utilizando diferentes tipos de letras y soportes.

En primero de primaria es importante seguir ofreciendo material manipulativo para que puedan realizar palabras y poco a poco se introduzcan en la creación de frases. Aprendiendo tanto su estructura como a separar bien las palabras que la forman. Más tarde, es cuando dan el salto a la letra ligada o de imprenta que les acompañará en toda su vida.

77

¡JUGANDO APRENDO!

Tanto niñas como niños aprenden a través del juego. Ofrecer propuestas de **juego simbólico** como cocinitas, hospitales... favorece la interacción entre los iguales y a la vez la comunicación oral. En este tipo de propuestas se puede ofrecer espacios donde puedan escribir o leer de manera libre.

En primaria también es importante ofrecer este tipo de propuestas acompañadas de referentes con código escrito y soportes que inviten a la escritura funcional, como por ejemplo en el espacio de cafetería añadir la carta de productos con los precios y una libreta para anotar.

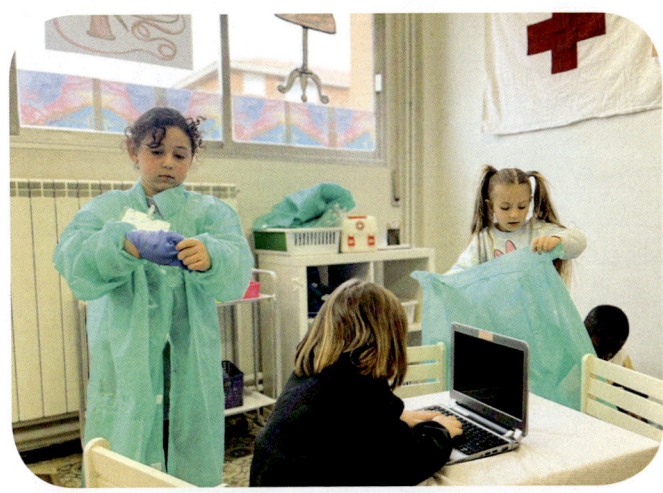

MINIMUNDOS

Proponer material no estructurado para que inventen personajes e historias y construyan su "minimundo" fomenta la creatividad y la imaginación. A través del juego crean historias que pueden explicar a sus compañeros de manera oral.

Cuando llegan a primero estas historias pueden seguir explicándose de manera oral, pero también de forma escrita.

¡ESCRIBO CON SENTIDO!

Ofrecer diferentes materiales para que realicen propuestas de escritura libre, fomenta la motivación por este proceso. Un ejemplo de esto puede ser un espacio donde se escriban mensajes acompañados de dibujos.

En primaria pueden seguir realizando estos mensajes a sus compañeros y compañeras acompañados de frases escritas en letra ligada o de imprenta y pequeños dibujos.

PROPUESTAS PARA UN ESPACIO DE LENGUAJE MATEMÁTICO

"La matemática es llave y puerta
de la ciencia", Roger Bacon.

Aprender a desarrollar el pensamiento matemático es muy importante ya que nos ayuda a generar un pensamiento crítico para extraer conclusiones, resolver problemas, a ser más lógicos, a razonar para comprender problemas abstractos y a buscar soluciones. Este aprendizaje es una tarea difícil pero significativa ya que estos conocimientos nos acompañarán a lo largo de nuestra vida. Es por eso que es necesario que los niños y niñas hagan un buen aprendizaje y entiendan la importancia de este.

A continuación ofrecemos un seguido de propuestas que dan sentido al aprendizaje de este proceso.

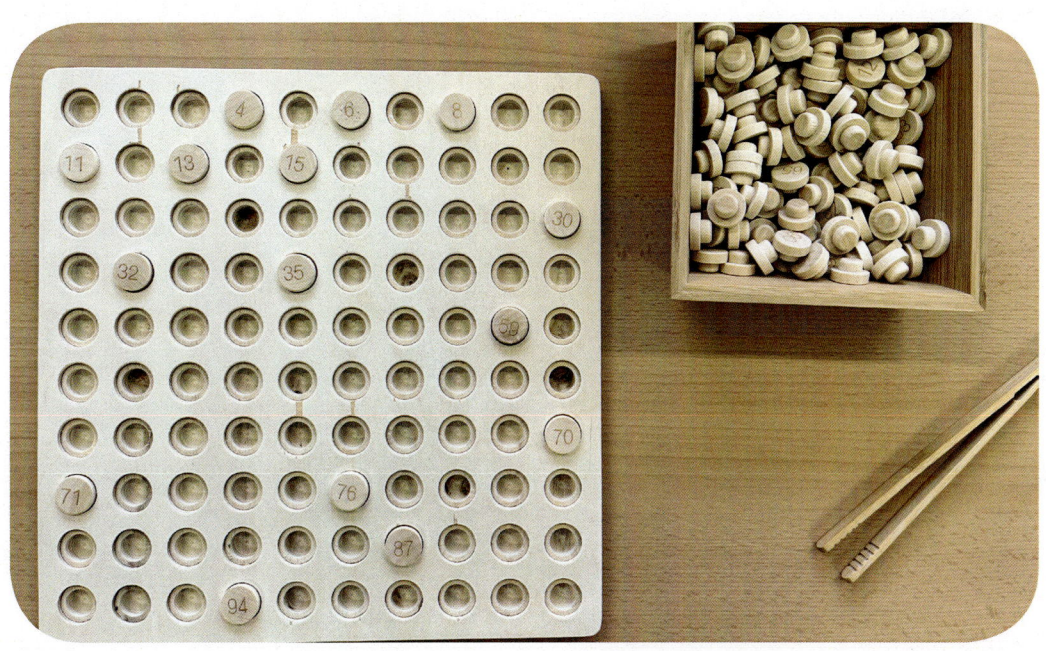

¿QUÉ NÚMERO ES?

Proponer propuestas que asocien **número**, **grafía y/o cantidad** a través del juego, con material manipulativo ayuda a que los niños y niñas vayan adquiriendo este aprendizaje de forma significativa. Aun así, es importante ofrecer distintas propuestas en función del nivel madurativo en el que se encuentre cada alumno.

Ofrecer **problemas** del día a día para que sean capaces de comprenderlos y resolverlos tanto de forma oral como escrita en función de la edad. Usando el razonamiento y la reflexión conjunta.

¿QUÉ FORMA ES?

El entorno está lleno de **formas geométricas**: ruedas, señales, mesas, pirámides... El conocimiento de estas ayuda a desarrollar el sentido espacial y a conocer mejor el mundo que les rodea. Asociar su entorno con las matemáticas les da a entender la importancia que esta tiene en la vida cotidiana. Cuando son capaces de asociar que en su entorno hay formas geométricas y ya saben reconocerlas se puede dar la oportunidad de que sigan desarrollando el sentido espacial y el pensamiento lógico a través de propuestas más complejas.

¿Y AHORA QUÉ VA?

La **seriación** es un aprendizaje muy importante ya que les hace reflexionar y hacer un orden mental que les acompañará a lo largo de su vida. Se pueden hacer propuestas de pequeño a grande, de colores, formas, tamaños... En infantil son propuestas con pocos elementos a clasificar y ordenar, pero a medida que crecen se les puede ofrecer una seriación más compleja, añadiendo patrones más amplios que generen reflexión (hay más de una opción correcta, por ejemplo).

CONSTRUYO Y CREO

Construir y crear está muy relacionado con las matemáticas ya que adquieren orientación espacial y aprenden a situarse en el entorno. Además, también aprenden a usar las formas geométricas con volumen. Estas construcciones que en infantil son propuestas manipulativas en primero deben seguir, pero ofreciéndoles la oportunidad que escriban aquello que han hecho: ¿Qué material he usado? ¿Cuál es mi creación? ¿Con quién lo he hecho? También se les puede dar tarjetas con propuestas de construcciones escritas y que las reproduzcan, fomentando la lectura funcional.

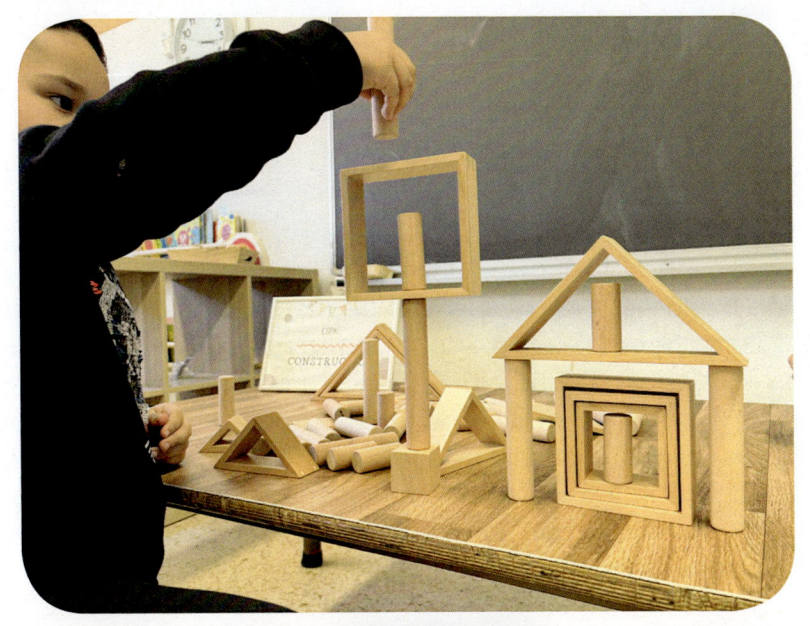

93

¿AÑADO O QUITO?

Resolver **operaciones básicas** es uno de los pilares de las matemáticas y de nuestra vida diaria. Así pues, desde bien pequeños se les ofrece de forma oral problemas para que empiecen a resolver sumas y restas básicas. Además, también se les añade material manipulativo para que tengan más herramientas para hacerlo. Cuando llegan a primaria las operaciones son más complejas y muchas veces se nos olvida ofrecerles esos materiales manipulativos que usaban en infantil. Es importante seguir ofreciendo tanto referentes que estén a su alcance como materiales que puedan usar para ser capaces de resolver tanto sumas como restas, como por ejemplo: piedras, cubos...

"El arte es lo que dejas salir",
Andy Warhol.

Crear y dejar aflorar el lado más creativo de los niños y niñas es esencial para el desarrollo y el aprendizaje global. Esta forma de expresión nos ofrece mucha información de cada alumno, ya sea desde su destreza motriz hasta sus emociones. Es por ello que es importante dejarles crear con material variado, ofreciendo propuestas pero dejándoles libres en sus creaciones, sintiéndose así protagonistas de sus obras.

A continuación ofrecemos un seguido de propuestas que dan sentido al aprendizaje de este proceso.

¿QUÉ ME APETECE PINTAR?

Las propuestas de **pintura** potencian la capacidad de concentración y al mismo tiempo ayuda a disminuir el estrés. Materiales como la témpera, acuarela, témpera sólida... Así mismo, ofrecer distintas herramientas para pintar fomenta la creatividad, la exploración y el descubrimiento.

EXPRESO CON EL DIBUJO

A través de sus **dibujos**, niñas y niños se comunican y expresan sus pensamientos, estados de ánimo, sus emociones... Es importante dejarles espacios para que puedan dibujar libremente sin modelos a seguir ni indicaciones.

MODELO Y CREO

Desde pequeños le damos mucha importancia a las propuestas de **modelaje** para que vayan adquiriendo habilidades motrices en sus manos. Es importante hacer propuestas libres donde puedan crear aquello que quieran. Aun así, hay algunas guiadas para que vayan realizando algunos movimientos que queremos que practiquen. En primaria hay que seguir ofreciendo propuestas y también hay que darles herramientas para que puedan hacer elaboraciones más complejas.

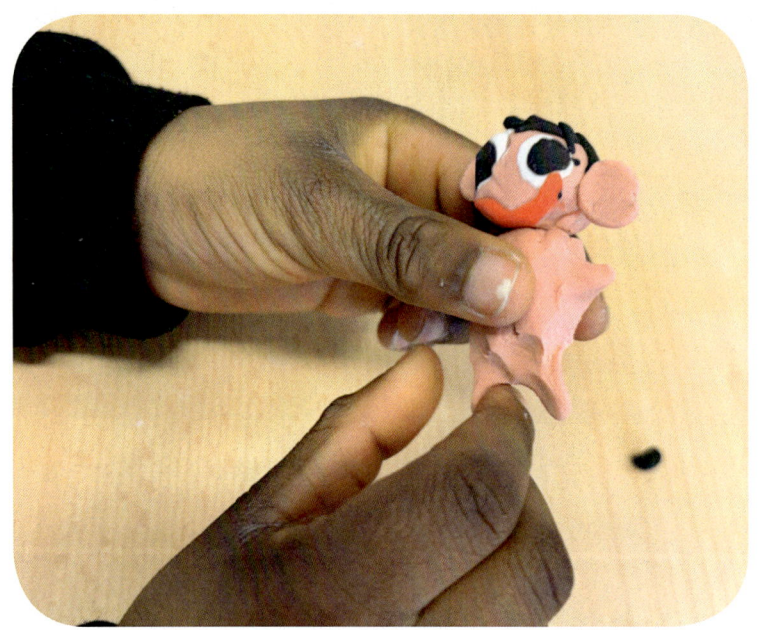

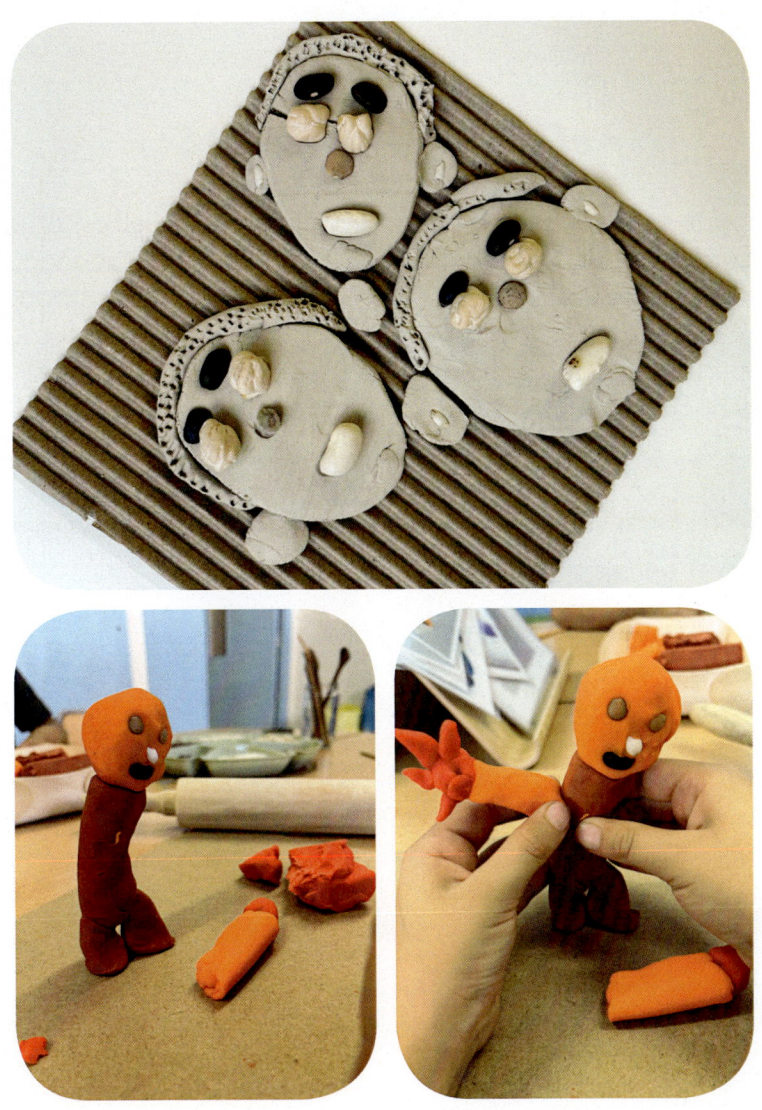

¡COSER NO ES TAREA FÁCIL!

Algunas propuestas de **costura** ayudan a fomentar la psicomotricidad fina, a la vez que ayudan a potenciar la capacidad de atención y concentración. Hilar, hacer nudo y coser es una tarea difícil, pero con material adaptado (agujas que no pinchan) pueden realizar actividades de iniciación a la costura. Cuando llegan a primaria, ya han adquirido más psicomotricidad fina y es por eso que son capaces de hacer propuestas más complejas, ya que tienen más precisión.

¿Cómo creo un mandala?

Los **mandalas** dan orden y estructuración mental, les ayudan a situarse y les transmite calma. Hay muchas propuestas de mandalas y estamos más habituados a aquellos de colorear, pero ofrecerles piezas sueltas y que sean ellos los que creen mandalas como se observa en la imagen requiere una tarea de reflexión más compleja.

PIENSO, DESCUBRO Y CREO

Estamos acostumbrados a ofrecer siempre material estructurado e incluso la propuesta que tienen que realizar, pero darles material y brindarles la oportunidad de **crear libremente** ayuda a fomentar la creatividad a la vez que les genera bienestar.

PROPUESTAS PARA UN ESPACIO DE EXPERIMENTACIÓN:

"Derecho a ensuciarse. Los niños y niñas deben tocar y sentir los materiales sin preocuparse",
Gianfranco Zavalloni.

Experimentar, observar, manipular y descubrir forma parte de nuestro desarrollo, ya que en edades tempranas conocemos el mundo a través de nuestros sentidos. Tocar, manipular, analizar, extraer información les ayuda a adquirir y a potenciar su pensamiento crítico. Por este motivo, es importante seguir brindando este tipo de actividades y propuestas.

A continuación ofrecemos un seguido de propuestas que normalmente se ofrecen en un ambiente o espacio y dan sentido al aprendizaje de este proceso.

DESCUBRIENDO LA LUZ

Las propuestas de **luz** dan la oportunidad de descubrir las propiedades de esta a través de la experimentación y manipulación de distintos objetos. En primero, la propuesta puede ir más allá, acompañando la experimentación de una reflexión a partir de unas preguntas abiertas en las cuales los niños puedan hacer hipótesis.

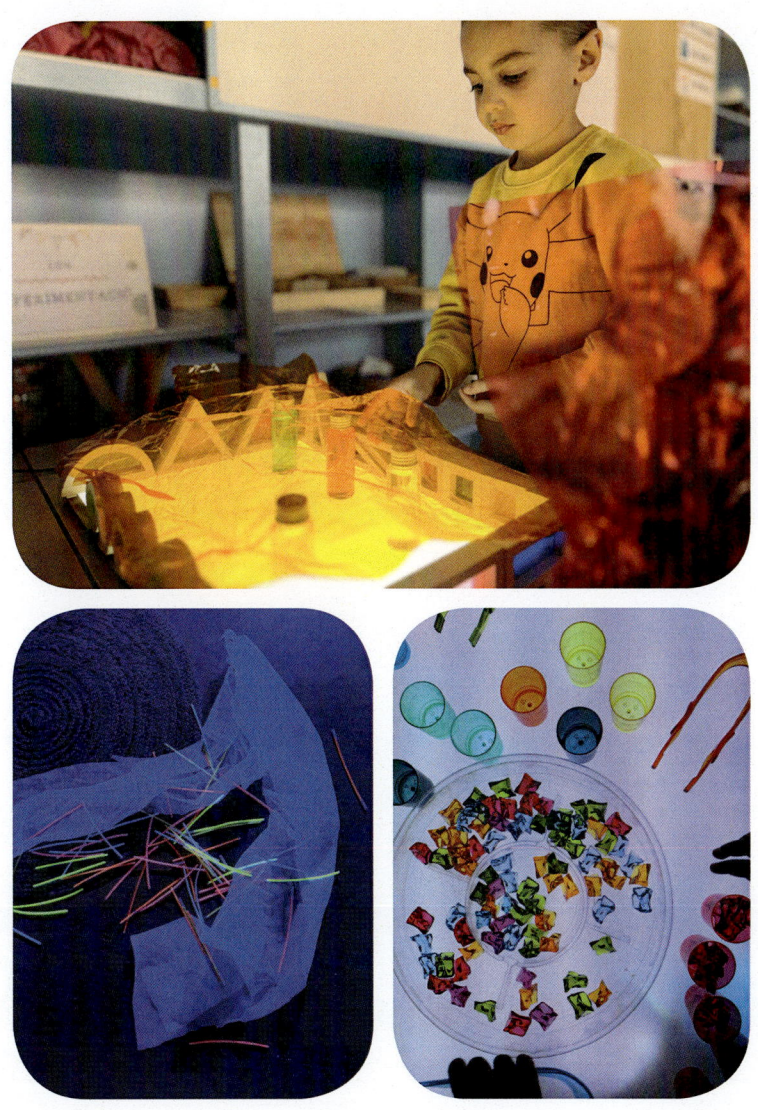

JUGANDO CON EL AGUA

Experimentar con **los estados del agua** ayuda a entender este proceso de forma significativa. Tocar el agua en su estado sólido y líquido y poder observar el vapor de agua fomenta el aprendizaje y la reflexión. Entender que lo que sucede en esa propuesta también pasa en otros escenarios como en la cocina de casa da sentido a aquello que aprenden.

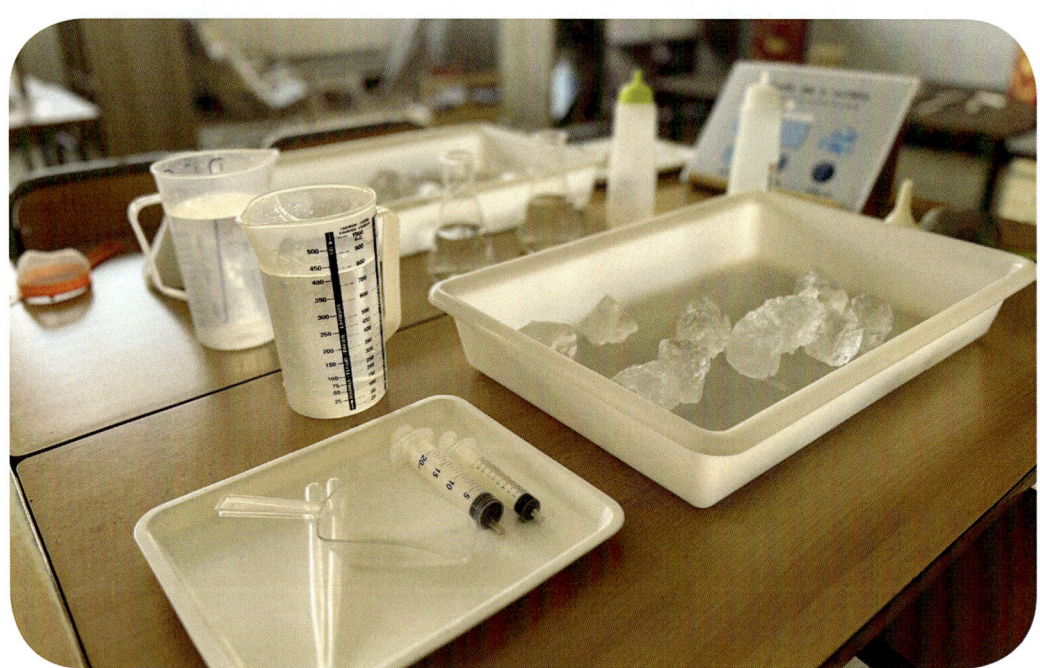

¿QUÉ SIENTO CUANDO TOCO?

Cuando un niño en infantil toca distintas texturas descubre y experimenta con ellas. Este hecho le ayuda a conocer su entorno y entender el mundo. En primero, ya conocen muchos materiales y elementos, así que una propuesta adaptada a esta etapa puede ser poner en práctica estos conocimientos y adivinar qué materiales se esconden dentro de unos sacos. Pueden distinguir y reconocer los materiales ayudándose de los diferentes sentidos: olfato, oído, tacto...

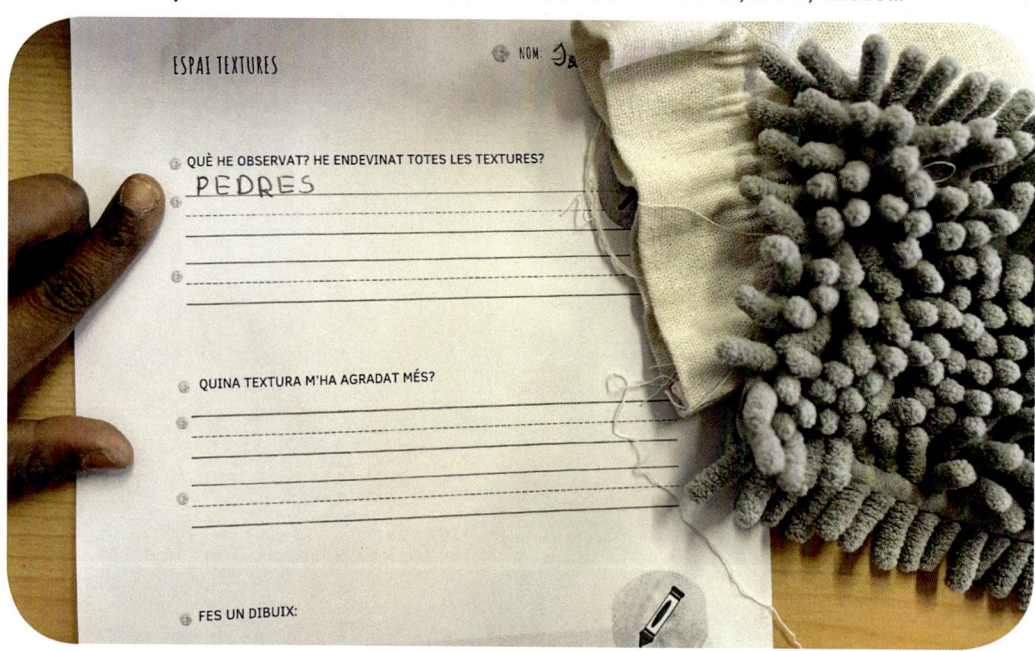

¿POR QUÉ UNOS FLOTAN Y OTROS SE HUNDEN?

El agua es un elemento esencial para conocer nuestro entorno y las cualidades de muchos materiales. Una pregunta que se hacen muchos niños es por qué hay materiales que flotan y otros se hunden. Una propuesta ideal para dar respuesta a esta inquietud es ofrecerles un contenedor con agua y diferentes materiales, para que ellos a través de la manipulación y observación se hagan hipótesis y encuentren respuestas.

¿QUÉ PESA MÁS?

Al igual que otros aprendizajes, conocer el peso de los elementos y objetos nos ayuda a saber más cosas del mundo y de nuestro entorno. Una propuesta adecuada puede ser presentar al alumnado diferentes materiales y elementos con diferentes pesos acompañados de una balanza y que ellos indaguen e investiguen sobre ello. En primero, se puede ir más allá, acompañando la propuesta de preguntas, como ¿qué objeto pesa más? o ¿un objeto más grande que otro pesa más?

¿QUÉ PASA SI LAS MEZCLO?

La naturaleza nos ofrece maravillas que impactan directamente en nuestros sentidos, como son observar plantas y hierbas y poder oler la esencia que desprenden. Una propuesta que nos sumerge en esto es poder ir al huerto escolar a recoger algunas hierbas aromáticas, conocer cómo se llaman y experimentar con ellas, mezclándolas entre sí para comprobar si se consigue un perfume nuevo. En primero podemos añadir la escritura, como por ejemplo, haciendo listas de las hierbas que mezclamos para conseguir la nueva esencia.

PROPUESTAS PARA UN ESPACIO DE CONSTRUCCIÓN:

"Los niños necesitan mucha libertad para indagar, probar, equivocarse y corregir, para apreciar los infinitos recursos de las manos, de la vista, del oído, de las formas, de los sonidos y los colores", Loris Malaguzzi.

Construir y crear a través de distintos tipos de materiales hace que los niños y niñas trabajen aspectos matemáticos como el peso, las formas, la orientación, las texturas entre otras... a la vez que juegan. Además, fomenta el trabajo cooperativo, la comunicación oral y el respeto, pero también favorece a la capacidad de concentración.

A continuación ofrecemos un seguido de propuestas que dan sentido al aprendizaje de este proceso. En primero de primaria para ir un paso más allá, podemos añadir la escritura, que niñas y niños escriban sobre su construcción o bien ofrecerles propuestas que tengan que leer y desarrollar.

DECÁLOGO DE DIEZ PRÁCTICAS A TENER EN CUENTA

1. Acompañar las emociones que puedan surgir durante el cambio o el proceso.

2. Ofrecer al niño o a la niña el espacio necesario para adaptarse en la etapa de primaria.

3. Empoderar al alumnado en este cambio, dándole el protagonismo que este requiere.

4. Visitar antes de terminar infantil los espacios de primaria.

5. Crear un aula que siga la línea metodológica de infantil.

6. Generar un clima de calma y tranquilidad en el aula.

7. Ofrecer a aquellos niños y niñas que lo necesiten una entrada más relajada hasta lograr su adaptación.

8. Seguir ofreciendo las rutinas de infantil y añadir otras adecuadas a su evolución madurativa.

9. Ofrecer diversidad de propuestas en función del nivel madurativo de cada niño o niña.

10. Seguir aprendiendo jugando.

PREGUNTAS Y RESPUESTAS PARA AFRONTAR EL CAMBIO DE UNA MANERA POSITIVA.

1. ¿Qué hacer para preparar el primer día?

A los niños y niñas el primer día les puede generar miedo o nervios. Una buena estrategia para preparar ese momento con ganas y motivación es anticiparnos y explicar brevemente de qué trata esta nueva etapa. También preparar todo el material que tienen que llevar a la escuela y hacerlos partícipes de si tienen que elegir cosas, como la mochila para la escuela.

2. ¿Qué hacer si un niño llora cada día al entrar a la escuela?

Muchas veces ocurre que un niño o niña entra a la escuela llorando o incluso no quiere entrar porque no quiere separarse de su familia. En estos casos es importante escuchar los sentimientos y ofrecerle un espacio para hablar y encontrar la calma. A veces necesita un compañero que le acompañe durante unos minutos hasta que se sienta mejor, otras un abrazo o una caricia. Es una etapa que debería ser pasajera y tanto familia como escuela deben acompañar este proceso de forma coordinada.

3. ¿Cómo gestionar la separación familiar?

En general, la ansiedad por separación finaliza mayoritariamente a los 3 años de edad. Aun así, se puede dar el caso que haya alguna niña o niño de 5 o 6 años que todavía no esté preparado para esta separación. Para gestionar este hecho, es importante que tanto la familia como la escuela acompañen a los niños de la misma manera y llegar a acuerdos para hacer este proceso lo más llevadero posible. Generar un clima de confianza por ambas partes es imprescindible para acompañar esta separación.

4. ¿Cómo puedo generar un clima de calma y tranquilidad en el aula?

Ofrecer en el aula un espacio de calma y tranquilidad puede resultar complejo, pero se trata de reflexionar sobre qué espacios dan calma y cuáles no. Tal como hemos explicado a lo largo del libro, tener el espacio ordenado, organizado, con colores neutros y un espacio destinado a la calma como puede ser una pequeña biblioteca con alfombra, tumbonas e incluso cojines

fomenta la paz interior. Además, añadir música relajante favorece la concentración y la calma, como también usar un tono de voz bajo tanto niños como docentes.

5. ¿Cómo trabajar la gestión emocional?

Trabajar la gestión emocional no es cosa de un día, sino que es una tarea que se debe trabajar día tras día. Para poder trabajarla correctamente, tanto docentes como familias deben tener una buena gestión emocional para ser el reflejo de niños y niñas. Además, escuchar, ofrecer ayuda y recursos para gestionar cualquier emoción es de vital importancia. También es relevante dejar que el alumno exprese esa emoción y reconocer que todas las emociones son válidas e importantes, pero que hay que aprender cómo gestionarlas.

6. ¿Cómo potenciar lo mejor de cada persona?

Cada niño y niña tiene su potencial y nuestro deber es exprimirlo y fomentarlo para lograr que gane autoestima. Un ejemplo es que hay niños que dibujan mejor que muchos adultos, pero en cambio le decimos lo que tiene que dibujar y no le dejamos un espacio para que exprese su creatividad. Debemos cambiar esa mirada y ofrecer a todos los niños y niñas ese

espacio para que puedan expresar su potencial, sea el que sea.

7. ¿Cómo solucionar los conflictos?

A pesar de fomentar la calma y tranquilidad en el aula y la gestión emocional hay ocasiones que se generan conflictos. Es importante explicar que los conflictos no son malos, sino necesarios y que nos acompañarán siempre, por eso es importante aprender a gestionarlos de la mejor forma posible. Buscar la calma para solucionarlos, hablar, escuchar y lograr que propongan posibles soluciones teniendo en cuenta a todas las personas es una manera de que poco a poco vayan aprendiendo a solventarlos.

8. ¿Cómo actuar si un niño no quiere leer o escribir?

Algunos niños o niñas se muestran reacios a leer o escribir, no encuentran la motivación, ni el interés. Como docentes es importante buscar qué le pasa a ese alumno, ofrecerle ayuda y buscar estrategias para generar motivación. Buscar cuentos de temas de interés y buscar una escritura funcional son buenas estrategias para lograr que poco a poco muestre ilusión en este proceso. En el caso de la familia, no hay que olvidar que ellos aprenden mediante el ejemplo, leer con vuestros hijos e hijas es primordial para introducirlos en este aprendizaje y que encuentren el sentido de este proceso.

9. ¿Qué pasa si un niño o niña aún no sabe leer o escribir en primero de primaria?

La respuesta es fácil: nada. Cada niño o niña aprende en momentos y ritmos distintos. En muchas ocasiones no se encuentra preparado madurativamente para afrontar este proceso. Por eso hay que ofrecerle propuestas adaptadas y lograr su motivación, es importante recordar que puede alargarse hasta finales de segundo de primaria, por eso, no debemos forzar la situación, sino ofrecer diferentes opciones así como acompañarlos desde el ejemplo.

10. ¿Es importante el juego en primaria?

Sí. Al igual que en la etapa de infantil, en primaria el papel del juego es importante e imprescindible para el aprendizaje y el desarrollo global de los niños. Jugar, además de ser una experiencia motivadora y placentera, les ofrece infinidad de posibilidades y ayuda al progreso de aprendizajes, a la vez que es indispensable para potenciar la creatividad en las personas. A través del juego se desempeñan factores como la resolución de problemas y la búsqueda de soluciones. En definitiva, jugar en primaria sí, porque jugando también se aprende.

AGRADECIMIENTOS

Es momento de agradecer a todas esas personas que nos han acompañado a lo largo de este proyecto.

A ti, Montse, por hacernos el prólogo y ofrecerte en todo lo que hemos necesitado. Gracias por creer en nosotras y darnos la responsabilidad de hacer una escuela mejor.

A Paula, por ofrecerte a leer el manuscrito. Es una suerte contar con personas como tú.

A la escuela Vicente Aleixandre de Martorell, por darnos la oportunidad de trabajar juntas, de confiar en nosotras y de darnos todas las facilidades para que este libro se edite.

A nuestras compañeras y amigas de la escuela, por cedernos aulas, espacios y materiales, pero sobre todo por escucharnos y apoyarnos en este proyecto.

A las familias del centro, por confiar en nosotras y dejar que sus hijos e hijas formen parte de este libro.

Als petits i petites Margaret's Keane i Bridget's Riley sou un exemple a seguir, no us oblideu: podeu arribar tan lluny com vosaltres volgueu!

BIBLIOGRAFÍA

MALAGUZZI, L. i altres (2005). Els cent llenguatges dels infants. Barcelona Rosa Sensat.

BUENO I TORRENS, DAVID (2017). Neurociencia para educadores. Editorial Octaedro.

CAPDEVILA, CARLES (2015). Educar millor. Editorial Arcadia.

GARCÍA, ALMUDENA (2016). Otra educación ya es posible. Editorial Litera.

STERN, ANDRÉ (2017). Jugar. Editorial Litera.

WILD, REBECA (2015). Educar para ser: Vivencias de una escuela activa. Editorial Herder.

SILVENTE, JENNY. Diseñar espacios educativos. Ver, pensar, sentir.

VELA VICO, PRISCILLA I GONZÁLEZ HERRÁN, MERCEDES (2019). Piezas sueltas: El juego infinito de crear. Editorial Litera.